AF610745

LES

DÉCLARATIONS

DES

DROITS DE L'HOMME

ET DU CITOYEN

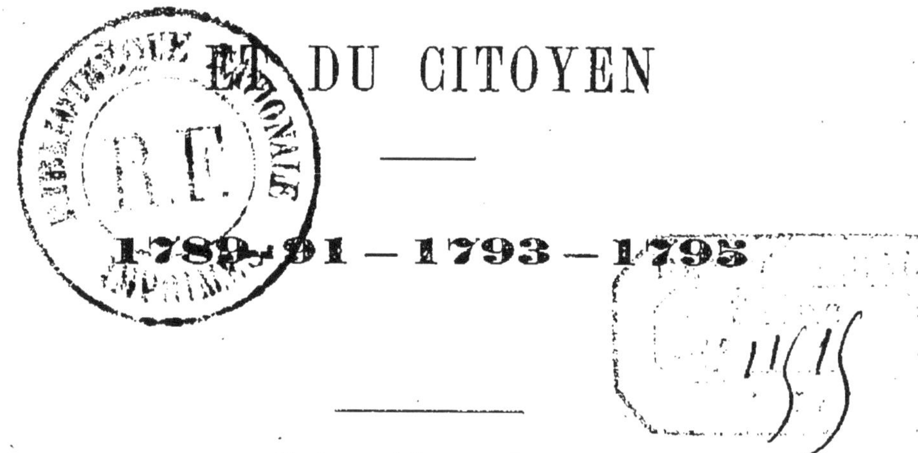

1789-91 — 1793 — 1795

Prix : 10 centimes

PARIS
SANDOZ ET FISCHBACHER, rue de Seine, 33
VALLET, rue des Petits-Carreaux, 41
ET CHEZ TOUS LES LIBRAIRES

1877

DÉCLARATIONS

DES

DROITS DE L'HOMME

ET DU CITOYEN

1789-91 — 1793 — 1795

Au moment où tous les monarchistes sont unis dans leur haine commune contre la démocratie et voudraient nous faire reculer au-delà de 89, nous croyons utile et même nécessaire de remettre sous les yeux des Français, aussi bien que de tous les peuples, les *Déclarations des Droits de l'Homme et du Citoyen*, bases fondamentales de notre organisation civile et politique.

Le 26 août 1789, l'Assemblée constituante, après une longue et sérieuse discussion, adopta la rédaction suivante des *Droits de l'Homme et du Citoyen*, laquelle servit de préambule à la Constitution acclamée le 18 septembre 1791.

DÉCLARATION DU 26 AOUT 1789

Les représentants du peuple français, constitués en Assemblée nationale, considérant que l'ignorance, l'oubli ou le mépris des droits de l'homme sont les seules causes des malheurs publics et de la corruption des gouvernements, ont résolu d'exposer, dans une déclaration solennelle, les droits naturels, inaliénables et sacrés de l'homme, afin que cette déclaration, constamment présente à tous les membres du corps social, leur rappelle sans cesse leurs droits et leurs devoirs; afin que les actes du pouvoir législatif et ceux du pouvoir exécutif pouvant être à chaque instant comparés avec le but de toute institution politique, en soient plus respectés; afin que les réclamations des citoyens, fondées désormais sur des principes simples et incontestables, tournent toujours au maintien de la Constitution et au bonheur de tous. En conséquence, l'Assemblée nationale reconnaît et déclare, en présence et sous les auspices de l'Être suprême, les Droits suivants de l'Homme et du Citoyen :

Art. 1er. Les hommes naissent et demeurent libres et égaux en droits. Les distinctions sociales ne peuvent plus être fondées que sur l'utilité commune.

Art. 2. Le but de toute association politique est la conservation des droits naturels et imprescriptibles de l'homme. Ces droits sont : la liberté, la propriété, la sûreté et la résistance à l'oppression.

Art. 3. Le principe de toute souveraineté réside essentiellement dans la nation. Nul corps, nul individu ne peut exercer d'autorité qui n'en émane expressément.

Art. 4. La liberté consiste à pouvoir faire tout ce qui ne nuit pas à autrui. Ainsi l'exercice des droits naturels de chaque homme n'a de bornes que celles qui assurent aux autres membres de la société la jouissance de ces mêmes droits. Ces bornes ne peuvent être déterminées que par la loi.

Art. 5. La loi n'a le droit de défendre que les actions nuisibles à la société. Tout ce qui n'est pas défendu par la loi ne peut être empêché, et nul ne peut être contraint à faire ce qu'elle n'ordonne pas.

Art. 6. La loi est l'expression de la volonté générale. Tous les citoyens ont droit de concourir personnellement ou par leurs représentants à sa formation. Elle doit être la même pour tous, soit qu'elle protége, soit qu'elle punisse. Tous les citoyens, étant égaux à ses yeux, sont également admissibles à toutes dignités, places et emplois publics, selon leur capacité et sans autre distinction que celle de leurs vertus et de leurs talents.

Art. 7. Nul homme ne peut être accusé, arrêté ni détenu que dans les cas déterminés par la loi et selon les formes qu'elle a prescrites. Ceux qui sollicitent, expédient, exécutent ou font exécuter des actes arbitraires doivent être punis; mais tout citoyen appelé ou saisi en vertu de la loi doit obéir à l'instant : il se rend coupable par la résistance.

Art. 8. La loi ne doit établir que des peines strictement et évidemment nécessaires. Nul ne peut être puni qu'en vertu d'une loi établie et promulguée antérieurement au délit, et légalement appliquée.

Art. 9. Tout homme étant présumé innocent jusqu'à ce qu'il ait été déclaré coupable, s'il est jugé indispensable de l'arrêter, toute rigueur qui ne serait pas nécessaire pour s'assurer de sa personne doit être sévèrement réprimée par la loi.

Art. 10. Nul ne doit être inquiété pour ses opinions, même religieuses, pourvu que leur manifestation ne trouble pas l'ordre public établi par la loi.

Art. 11. La libre communication des pensées et des opinions est un des droits les plus précieux de l'homme : tout citoyen peut donc parler, écrire, imprimer librement, sauf à répondre de l'abus de cette liberté dans les cas déterminés par la loi.

Art. 12. La garantie des droits de l'homme et du citoyen nécessite une force publique : cette force est donc instituée pour l'avantage de tous, et non pour l'utilité particulière de ceux auxquels elle est confiée.

Art. 13. Pour l'entretien de la force publique et pour les dépenses d'administration, une contribution commune est indispensable ; elle doit être également répartie entre tous les citoyens, en raison de leurs facultés.

Art. 14. Tous les citoyens ont le droit de constater par eux-mêmes ou par leurs représentants la nécessité de la contribution publique, de la consentir librement, d'en suivre l'emploi et d'en déterminer la quotité, l'assiette, le recouvrement et la durée.

Art. 15. La société a le droit de demander compte à tout agent public de son administration.

Art. 16. Toute société dans laquelle la garantie des droits n'est pas assurée, ni la séparation des pouvoirs déterminée, n'a point de constitution.

Art. 17. La propriété étant un droit inviolable et sacré, nul ne peut en être privé, si ce n'est lorsque la nécessité publique, légalement constatée, l'exige évidemment, et sous la condition d'une juste et équitable indemnité.

L'Assemblée nationale, voulant établir la constitution française sur les principes qu'elle vient de reconnaître et de déclarer, abolit irrévocablement les institutions qui blessaient la liberté et l'égalité des droits. Il n'y a plus ni noblesse, ni pairie, ni distinctions héréditaires, ni distinctions d'ordre, ni régime féodal, ni justices patrimoniales, ni aucun des titres, dénominations et prérogatives qui en dérivaient, ni aucun ordre de chevalerie, ni aucune des corporations ou décorations pour lesquelles on exigeait des titres de noblesse, ou qui supposaient des distinctions de naissance, ni aucune autre supériorité que celle des fonctionnaires publics dans l'exercice de leurs fonctions. Il n'y a ni vénalité ni hérédité d'aucun office public. Il n'y a plus, pour aucune partie de la nation, ni pour aucun individu, aucun privilége ni exception au droit commun de tous les Français. Il n'y a plus ni jurandes, ni corporations de professions, arts et métiers. La loi ne reconnaît plus ni vœux religieux, ni aucun autre engagement qui serait contraire aux droits naturels ou à la Constitution.

DÉCLARATION DU 10 AOUT 1793

(24 FLORÉAL, AN Ier)

Le peuple français, convaincu que l'oubli et le mépris des droits naturels de l'homme sont les seules causes des malheurs du monde, a résolu d'exposer, dans une déclaration solennelle, ces droits sacrés et inaliénables, afin que tous les citoyens, pouvant comparer sans cesse les actes du gouvernement avec le but de toute institution sociale, ne se laissent jamais opprimer et avilir par la tyrannie ; afin que le peuple ait toujours devant les yeux les bases de la liberté et de son bonheur ; le magistrat, la règle de ses devoirs ; le législateur, l'objet de sa mission. En conséquence, il proclame, en présence de l'Être suprême, la Déclaration suivante des Droits de l'Homme et du Citoyen :

Art. 1er. Le but de la société est le bonheur commun. Le gouvernement est institué pour garantir à l'homme la jouissance de ses droits naturels et imprescriptibles.

Art. 2. Ces droits sont : l'égalité, la liberté, la sûreté, la propriété.

Art. 3. Tous les hommes sont égaux par la nature et devant la loi.

Art. 4. La loi est l'expression libre et solennelle de la volonté générale, elle est la même pour tous, soit qu'elle protége, soit qu'elle punisse ; elle ne peut ordonner que ce qui est juste et utile à la société ; elle ne peut défendre que ce qui lui est nuisible.

Art. 5. Tous les citoyens sont également admissibles aux emplois publics. Les peuples libres ne connaissent d'autres motifs de préférence dans les élections que les vertus et les talents.

Art. 6. La liberté est le pouvoir qui appartient à l'homme de faire tout ce qui ne nuit pas aux droits d'autrui : elle a pour principe la nature; pour règle, la justice; pour sauvegarde, la loi; sa limite morale est dans cette maxime: *Ne fais pas à autrui ce que tu ne veux pas qu'il te soit fait.*

Art. 7. Le droit de manifester sa pensée et ses opinions, soit par la voie de la presse, soit de toute autre manière; le droit de s'assembler paisiblement, le libre exercice des cultes, ne peuvent être interdits. La nécessité d'énoncer ses droits suppose ou la présence ou le souvenir récent du despotisme.

Art. 8. La sûreté consiste dans la protection accordée par la société à chacun de ses membres pour la conservation de sa personne, de ses droits et de ses propriétés.

Art. 9. La loi doit protéger la liberté publique et individuelle contre l'oppression de ceux qui gouvernent.

Art. 10. Nul ne doit être accusé, arrêté ou détenu que dans les cas déterminés par la loi et selon les formes qu'elle a prescrites. Tout citoyen appelé ou saisi par l'autorité de la loi doit obéir à l'instant; il se rend coupable par la résistance.

Art. 11. Tout acte exercé contre un homme hors des cas et sans les formes que la loi détermine est arbitraire et tyrannique; celui contre lequel on voudrait l'exécuter par la violence a le droit de le repousser par la force.

Art. 12. Ceux qui solliciteraient, expédieraient, signeraient, exécuteraient ou feraient exécuter des actes arbitraires, sont coupables et doivent être punis.

Art. 13. Tout homme étant présumé innocent

jusqu'à ce qu'il ait été déclaré coupable, s'il est jugé indispensable de l'arrêter, toute rigueur qui ne serait pas nécessaire pour s'assurer de sa personne doit être sévèrement réprimée par la loi.

Art. 14. Nul ne doit être jugé ou puni qu'après avoir été entendu ou légalement appelé, et qu'en vertu d'une loi promulguée antérieurement au délit. La loi qui punirait des délits commis avant qu'elle existât serait une tyrannie; l'effet rétroactif donné à la loi serait un crime.

Art. 15. La loi ne peut décerner que des peines strictement et évidemment nécessaires : les peines doivent être proportionnées au délit et utiles à la société.

Art. 16. Le droit de propriété est celui qui appartient à tout citoyen de jouir et de disposer à son gré de ses biens, de ses revenus, du fruit de son travail et de son industrie.

Art. 17. Nul genre de travail, de culture, de commerce ne peut être interdit à l'industrie des citoyens.

Art. 18. Tout homme peut engager ses services, son temps; mais il ne peut se vendre ni être vendu : sa personne n'est pas une propriété aliénable. La loi ne connaît point de domesticité; il ne peut exister qu'un engagement de soin et de reconnaissance entre l'homme qui travaille et celui qui l'emploie.

Art. 19. Nul ne peut être privé de la moindre portion de sa propriété sans son consentement, si ce n'est lorsque la nécessité publique, légalement constatée, l'exige, et sous la condition d'une juste et préalable indemnité.

Art. 20. Nulle contribution ne peut être établie que pour l'utilité générale. Tous les citoyens ont le droit de concourir à l'établissement des contributions, d'en surveiller l'emploi et de s'en faire rendre compte.

Art. 21. Les secours sont une dette sacrée. La société doit la subsistance aux citoyens malheureux, soit en leur procurant du travail, soit en assurant les moyens d'exister à ceux qui sont hors d'état de travailler.

Art. 22. L'instruction est le besoin de tous. La société doit favoriser de tout son pouvoir les progrès de la raison publique, et mettre l'instruction à la portée de tous les citoyens.

Art. 23. La garantie sociale consiste dans l'action de tous, pour assurer à chacun la jouissance et la conservation de ses droits : cette garantie repose sur la souveraineté nationale.

Art. 24. Elle ne peut exister si les limites des fonctions publiques ne sont pas clairement déterminées par la loi, et si la responsabilité de tous les fonctionnaires n'est pas assurée.

Art. 25. La souveraineté réside dans le peuple : elle est une et indivisible, imprescriptible et inaliénable.

Art. 26. Aucune portion du peuple ne peut exercer la puissance du peuple entier ; mais chaque section du souverain assemblée doit jouir du droit d'exprimer sa volonté avec une entière liberté.

Art. 27. Que tout individu qui usurperait la souveraineté soit à l'instant mis à mort par les hommes libres.

Art. 28. Un peuple a toujours le droit de revoir, de réformer et de changer sa constitution: Une génération ne peut assujettir à ses lois les générations futures.

Art. 29. Chaque citoyen a un droit égal de concourir à la formation de la loi et à la nomination de ses mandataires ou de ses agents.

Art. 30. Les fonctions publiques sont essentiellement temporaires ; elles ne peuvent être considérées comme des distinctions ni comme des récompenses, mais comme des devoirs.

Art. 31. Les délits des mandataires du peuple et de ses agents ne doivent jamais être impunis. Nul n'a le droit de se prétendre plus inviolable que les autres citoyens.

Art. 32. Le droit de présenter des pétitions aux dépositaires de l'autorité publique ne peut, en aucun cas, être interdit, suspendu ni limité.

Art. 33. La résistance à l'oppression est la conséquence des autres droits de l'homme.

Art. 34. Il y a oppression contre le corps social lorsqu'un seul de ses membres est opprimé; il y a oppression contre chaque membre du corps social, lorsque le corps social est opprimé.

Art. 35. Quand le gouvernement viole le droit du peuple, l'insurrection est, pour le peuple et pour chaque portion du peuple, le plus sacré et le plus indispensable des devoirs.

DÉCLARATION DE L'AN III

(22 AOUT 1795. — 5 FRUCTIDOR)

Le peuple français proclame, en présence de l'Être suprême, la Déclaration suivante des Droits et des Devoirs de l'Homme et du Citoyen :

DROITS

Art. 1er. Les droits de l'homme en société sont : la liberté, l'égalité, la sûreté, la propriété.

Art. 2. La liberté consiste à pouvoir faire ce qui ne nuit pas aux droits d'autrui.

Art. 3. L'égalité consiste en ce que la loi est la même pour tous, soit qu'elle protége, soit qu'elle punisse. L'égalité n'admet aucune distinction de naissance, aucune hérédité de pouvoirs.

Art. 4. La sûreté résulte du concours de tous pour assurer les droits de chacun.

Art. 5. La propriété est le droit de jouir et de disposer de ses biens, de ses revenus, du fruit de son travail et de son industrie.

Art. 6. La loi est la volonté générale exprimée par la majorité ou des citoyens ou de leurs représentants.

Art. 7. Ce qui n'est pas défendu par la loi ne peut être empêché ; nul ne peut être contraint à faire ce qu'elle n'ordonne pas.

Art. 8. Nul ne peut être appelé en justice, accusé, arrêté ni détenu, que dans les cas déterminés par la loi et selon les formules qu'elle a prescrites.

Art. 9. Ceux qui sollicitent, expédient, signent,

exécutent ou font exécuter des actes arbitraires, sont coupables et doivent être punis.

Art. 10. Toute rigueur qui ne serait pas nécessaire pour s'assurer de la personne d'un prévenu doit être sévèrement réprimée par la loi.

Art. 11. Nul ne peut être jugé qu'après avoir été entendu ou légalement appelé.

Art. 12. La loi ne doit prononcer que des peines strictement nécessaires et proportionnelles.

Art. 13. Tout traitement qui aggrave la peine déterminée par la loi est un crime.

Art. 14. Aucune loi, ni criminelle ni civile, ne peut avoir d'effet rétroactif.

Art. 15. Tout homme peut engager son temps et ses services ; mais il ne peut ni se vendre ni être vendu ; sa personne n'est pas une propriété aliénable.

Art. 16. Toute contribution est établie pour l'utilité générale ; elle doit être répartie entre les contribuables en raison de leurs facultés.

Art. 17. La souveraineté réside essentiellement dans l'universalité des citoyens.

Art. 18. Nul individu, nulle réunion partielle de citoyens ne peut s'attribuer la souverainoté.

Art. 19. Nul ne peut, sans une délégation légale, exercer aucune autorité, ni remplir aucune fonction publique.

Art. 20. Chaque citoyen a un droit égal de concourir, immédiatement ou médiatement, à la formation de la loi, à la nomination des représentants du peuple et des fonctionnaires publics.

Art. 21. Les fonctions publiques ne peuvent devenir la propriété de ceux qui les exercent.

Art. 22. La garantie sociale ne peut exister, si la division des pouvoirs n'est point établie, si leurs limites ne sont pas fixées, et si la responsabilité des fonctionnaires publics n'est pas assurée.

DEVOIRS

Art. 1er. La déclaration des droits contient les obligations des législateurs ; le maintien de la société demande que ceux qui la composent connaissent et remplissent également leurs devoirs.

Art. 2. Tous les devoirs de l'homme et du citoyen dérivent de ces deux principes, gravés par la nature dans tous les cœurs : *Ne faites pas à autrui ce que vous ne voudriez pas qu'on vous fît ; faites constamment aux autres le bien que vous voudriez en recevoir.*

Art. 3. Les obligations de chacun envers la société consistent à la défendre, à la servir, à vivre soumis aux lois et à respecter ceux qui en sont les organes.

Art. 4. Nul n'est bon citoyen s'il n'est bon fils, bon père, bon frère, bon ami, bon époux.

Art. 5. Nul n'est homme de bien s'il n'est franchement et religieusement observateur des lois.

Art. 6. Celui qui viole ouvertement la loi se déclare en état de guerre avec la société.

Art. 7. Celui qui, sans enfreindre ouvertement les lois, les élude par ruse ou par adresse, blesse les intérêts de tous; il se rend indigne de leur bienveillance et de leur estime.

Art. 8. C'est sur le maintien des propriétés que reposent la culture des terres, toutes les productions, tout moyen de travail et tout l'ordre social.

Art. 9. Tout citoyen doit ses services à la patrie et au maintien de la liberté, de l'égalité et de la propriété, toutes les fois que la loi l'appelle à les défendre.

PARIS. — IMP. NOUV. (ASSOC. OUVR.), 14, RUE DES JEUNEURS
G. MASQUIN, DIRECTEUR.

www.ingramcontent.com/pod-product-compliance
Ingram Content Group UK Ltd.
Pitfield, Milton Keynes, MK11 3LW, UK
UKHW020413250726
13967UKWH00006B/2615

9 782013 183642